Couverture illustrée par Line Parmentier

ISBN 978-2-244-41781-3

www.editionslito.com

23 HISTOIRES au clair de la lune

Editions Lito

Une histoire !

Avec des recettes de tartes magiques saupoudrées de poussière de lune,
des petits animaux qui ont du mal à aller au dodo,
des enfants qui rêvent, la tête dans les étoiles…

À chaque soir son histoire au clair de la lune !

Des contes fantastiques avec une lune un peu magique !

À la lueur de la lune

Des histoires poétiques au milieu des étoiles coquines !

Au fil des étoiles

Des récits extraordinaires au cœur de la nuit si douce !

Au cœur de la nuit

Ours blanc, danseuse étoile, lune gourmande ou gentille sorcière,
quand vient la nuit, tout le monde dit « oui » pour une petite histoire !

SOMMAIRE

À la lueur de la lune

Au fil des étoiles

Au cœur de la nuit

Les jeux de la lune

La lune ne regarde jamais
la télévision, ça non !
Elle préfère jouer avec les étoiles
dans la nuit !

Son jeu préféré, c'est saute-mouton,
enfin, saute-étoile !
Bien sûr, elle est parfois maladroite
et, quand elle trébuche, elle tombe
sur une étoile bien pointue et se pique
les fesses.
D'accord. Mais qui est tout
écrabouillée ?
Eh bien, c'est l'étoile sur laquelle
la lune est tombée.

La lune adore aussi jouer à cache-cache
derrière les nuages.
Et quand il n'y en a pas, elle se cache
derrière les avions, les montagnes,
les maisons.
Elle est très forte à ce jeu-là.
Et qui a bien du mal à la trouver ?
Eh bien les étoiles, normal !

La lune adore jouer à la marelle.
Tiens, mais avec quoi la dessine-t-elle ?
Avec une étoile, quelle question !
Et qui lance-t-elle, dans la nuit,
et qui rebondit sur la marelle
qui brille ?
Une étoile, pardi !

La lune adore faire de la corde à sauter.
Oui, mais dans le ciel, ce n'est pas facile
à trouver…
À moins de demander à certaines amies
de gentiment s'aligner et de tourner
en cadence pour faire une super corde
à sauter.
À qui demander ça ?
Eh bien, aux étoiles, pourquoi pas ?

La lune adorc se fabriquer des patins
à roulettes, un vélo, et même un beau
chariot pour se promener comme
une reine !
Tout ça, elle le construit…
avec des étoiles, eh oui !
La lune adore aussi jouer aux billes,
avec des billes… étoiles !
Et à la toupie, avec une toupie…
étoile !

Ah ! la lune et ses fichues idées !
Parfois, les étoiles en ont vraiment
assez et elles ne veulent plus jouer.
Alors la lune est bien obligée
de se débrouiller…
Elle chipe le ballon d'un enfant
ou bien un cerf-volant emporté
par le vent.

Et les étoiles ? Elles aussi, elles aiment bien jouer, surtout au foot.
Mais qui pourrait faire le ballon ?
Hein, qui ?
– Ah, non, pas question ! s'écrie la lune, en voyant toutes les étoiles se ruer sur elle. Non mais, je suis la reine de la nuit, tout de même !

Ghislaine Biondi - Crescence Bouvarel

Étoiles d'orange

Chaque nuit, Paolina se lève en catimini pour aller se promener dans le jardin endormi. Mio-Mao, son petit chat, met ses pattes dans les pas de Paolina.

L'allée de gravier blanc l'emmène au milieu des orangers. Les arbres tendent leurs bras chargés de fruits parfumés. Ils sont ronds et couleur safran, comme des soleils couchants. Paolina cueille trois oranges pour goûter le baiser de leur jus sucré. Elle commence par détacher la petite étoile verte qui orne leur sommet, puis la lance vers le ciel.
– Allez rejoindre vos sœurs qui font pétiller la nuit de leurs clins d'œil dorés !
Mio-Mao les suit des yeux dans leur voyage, et bientôt trois nouvelles poussières d'or brillent dans sa pupille.
Au fil des nuits, trois par trois, les étoiles se multiplient grâce à Paolina…
Le ciel finit par être aussi clair à minuit qu'à midi. Depuis une semaine, il fait jour même en pleine nuit !

Un soir, en arrivant sous les orangers, Paolina tombe nez à nez avec une bien curieuse assemblée : des chats sont assis dans l'herbe, des hiboux et des chouettes sont perchés sur les branches.
Un vieux hibou prend la parole :
– Bonjour Paolina. Nous sommes bien ennuyés depuis qu'il n'y a plus de nuit. Nos oisillons sont affamés car nous ne savons chasser que dans l'obscurité.
– Nous aussi, c'est la nuit que nous sortons faire nos provisions, ajoute une souris, bien cachée pour ne pas se faire attraper.

– Et voilà, soupire un chat,
notre problème à nous, c'est que
les souris ne sortent plus de leur trou.
– Il faut que tu ailles décrocher toutes
ces étoiles que tu as lancées, conclut
une chouette de sa petite voix fluette.
Un aigle qui planait juste au-dessus
a tout entendu.
En deux battements d'ailes, il se pose
près de Paolina.
– Si tu veux, lui dit-il, je peux
t'emmener là-haut.
Aussitôt, le voilà qui s'envole haut,
très haut, avec Paolina sur son dos.

Paolina décroche toutes les étoiles
et elle en emplit sa chemise de nuit.
Mais au-dessus de l'océan, un caprice
du vent chahute et culbute le précieux
chargement.
– Oh ! s'écrie Paolina tandis que
les étoiles tombent en pluie
de lumière sur la mer.
– Ah ! s'écrient les animaux.
Et l'encre de la nuit dessine
à nouveau ses ombres sur la terre.
Chacun peut à nouveau aller et venir
dans l'obscurité : les oiseaux repartent
chasser pour nourrir leurs petits,
affamés, les souris grignotent de toutes
leurs quenottes, et les chats les guignent
en se léchant les babines.

Désormais, chaque nuit, Paolina
détache la petite étoile verte
des trois oranges qu'elle a cueillies,
puis elle retourne se mettre au lit,
où elle s'endort en les gardant
cachées au creux de sa main
jusqu'au lendemain.
Au petit matin, elle suit le serpentin
d'un petit chemin qui l'emmène
au bord de la mer.
Là, sous le regard de Mio-Mao,
Paolina lance ses étoiles dans l'eau.
– Allez rejoindre vos sœurs tombées
du ciel et brillez de toutes vos étincelles !
Les étoiles papillotent dans le friselis
des flots. Les rêveurs passent des heures
à s'émerveiller de les voir danser.
Les poissons trouvent très jolies
ces étoiles qui font comme des petits
lampions accrochés à leur plafond.
Ils jouent à saute-mouton sur la crête
des vagues pour mêler leurs écailles
d'argent à ces scintillements.
Les oiseaux marins ne se lassent pas
de glisser au-dessus de ce merveilleux
tapis pailleté.

Chaque jour, Paolina sème trois étoiles
d'orange dans l'eau pour que le monde
soit plus beau !

Le tapis magique

Il fait nuit. Il fait chaud.
Soraya n'a pas du tout sommeil.
Elle est un peu désenchantée.
Aujourd'hui, son oncle Aladin
lui a offert un drôle de cadeau.
Il lui a donné, roulé comme
un saucisson, un tapis bleu et marron.
« Quel drôle de cadeau ! » s'est dit
Soraya, déçue, mais elle a remercié
son oncle comme si de rien n'était.
L'oncle Aladin a souri.

Il fait nuit. Il fait chaud.
Soraya n'arrive pas à s'endormir.
Elle sort de son lit, pose ses pieds
nus sur le tapis.
Il est doux, moelleux, soyeux.
Soraya s'y étend de tout son long.
Elle le caresse doucement et,
comme par enchantement,
le tapis se soulève.
Il traverse la chambre et s'échappe
par la fenêtre grande ouverte.
Soraya est si heureuse !
Son coquin d'oncle Aladin lui a offert
un tapis volant !

Agnès Bertron-Martin - Mélanie Florian

La tarte à la lune

La lune est très amusante à cuisiner, délicieuse à déguster, mais il est difficile de s'en procurer. Cette recette est donc réservée aux fées, aux aventuriers, aux princesses amoureuses, aux gastronomes de l'espace, aux bricoleurs, aux poètes et aux enfants.

Méthodes à employer pour aller décrocher la lune (au choix, suivant le type de cuisinier) :
enfilez des chaussures à ressorts, grimpez sur une échelle de pompiers, faites du stop sur le passage des nuages, consultez un grimoire spécialisé, fabriquez un filet à lune, pêchez-la avec un gros hameçon jeté dans la nuit, attirez-la dans votre cuisine en lui jouant de la flûte de charmeur de lune, faites de la balançoire très haut jusqu'à pouvoir la prendre dans vos bras…

Maintenant que vous savez comment obtenir l'ingrédient principal, lancez-vous !

1. Faites une pâte à tarte ordinaire avec de la farine, du beurre et de l'eau.
2. Pendant que la pâte repose, allez décrocher la lune. Une fois que la lune est entre vos mains, coupez-la en tranches fines que vous déposerez dans un saladier.
Fermez bien le saladier avec un couvercle pour que les rondelles de lune ne s'envolent pas vers le ciel.
3. Étalez la pâte et garnissez-en votre moule. Disposez ensuite les rondelles de lune sur la pâte, mais réservez-en deux que vous ferez fondre à feu doux pour en faire un jus de lune.

4. Versez ensuite ce jus sur les autres rondelles, puis saupoudrez le tout d'un peu de sucre d'étoile que vous aurez pensé à prendre en même temps que la lune. Si vous avez oublié, tant pis, mettez du sucre en poudre, mais ce sera moins magique !
Remarque : il est hors de question que vous ressortiez chercher du sucre d'étoile à ce moment de la recette, la tarte serait fichue.
5. Mettez la tarte au four. Pendant qu'elle cuit, lisez des histoires de lune tout en surveillant la cuisson :
3 histoires pour une cuisson moyenne, 4 histoires pour une tarte bien caramélisée, et 2 seulement si vous voulez que les rondelles de lune croquent sous la dent.

Très important : quand vous sortirez la tarte du four, ne vous jetez pas dessus comme un goulu !
Prenez le temps de la respirer !
Aucune autre tarte au monde n'a un parfum si délicat, c'est un pur parfum céleste. C'est également à ce moment-là, quand elle est encore toute chaude, que la tarte de lune pourra vous murmurer des secrets que seules les étoiles connaissent. Ce serait dommage de ne pas les écouter !

Ensuite, dégustez votre tarte avec modération. Une trop grosse quantité de tarte pourrait vous empêcher de garder les pieds sur terre. Et au cas où vous avaleriez la lune tout entière, vous pourriez vous envoler si haut dans le ciel qu'il serait difficile de vous retrouver. Et alors qui ferait la vaisselle ? Vous voilà prévenu !

Petite astuce : si la lune est trop grosse, faites plusieurs tartes et congelez-les, ou bien invitez tous vos voisins au festin, ou encore, réservez un peu de lune pour d'autres recettes !

Jiang-Li

C'est l'histoire de Jiang-Li, une petite fille qui vit en Chine. Jiang-Li signifie « petite rivière ». Toute la journée, la fillette court comme une eau douce sous le ciel. Mais le matin, au réveil, elle refuse de se mettre devant la fenêtre pour faire le salut au soleil.

D'abord, on se tient debout les mains jointes, puis on étire ses bras en l'air, puis on s'incline vers la terre, puis on plie son genou droit, puis on fait le mouvement du chat…
Un jour, son père lui dit sérieusement :
– Tu es grande maintenant, Jiang-Li ! Tu dois saluer le soleil ! Sans lui, on vivrait tout le temps dans le noir !
Mais Jiang-Li n'en a pas envie.
Elle a trop faim au saut du lit.
Elle veut tout de suite manger son petit pain cuit à la vapeur, avaler sa bouillie de riz blanc et boire son petit bol de thé noir.

Une nuit, alors que ses parents sont endormis, Jiang-Li se réveille.
Son rideau est entrouvert. Elle se met à la fenêtre.
Dehors, le ciel est immense et noir, et les étoiles brillent telles des perles…
Chacune est comme un petit cœur qui bat. Jiang-Li ressent le grand mystère de l'univers et elle comprend toute l'importance du soleil : c'est lui qui apporte la lumière et la chaleur sur la terre !
Alors, aussi doucement qu'elle s'est levée, elle retourne se coucher, et le lendemain, à son réveil, sans qu'on lui demande rien, elle joint les mains et se met devant la fenêtre.
Et là, savez-vous quoi ?

Eh bien, quand son salut est terminé,
elle se sent calme et apaisée,
et son petit déjeuner lui semble meilleur
que jamais : elle savoure son petit pain
cuit à la vapeur, sa bouillie de riz blanc
et son petit bol de thé noir…

Crapounet, crapaud cadet

Dans une maison basse et moussue du quartier de l'Étang vivent papa Crapaud, maman Crapaud et leurs quatre enfants : Crapon, Crapounet, Crapoussine et Crapoussin.

Papa Crapaud est le chef d'orchestre des grenouilles. Il dirige, chaque soir, les sérénades qu'elles donnent aux habitants des rives de l'étang. Comme il se couche très tard, il dort toute la matinée. Quand il est réveillé, Crapounet lui demande quelquefois :
– Dis, papa, tu veux bien m'écouter jouer du hautbois ?
– Plus tard, Crapounet, plus tard, répond papa Crapaud. Je compose une nouvelle sérénade !
Mais si Crapon arrive à ce moment-là en s'écriant :
– Papa, regarde mes cahiers ! C'est encore moi qui ai eu les meilleures notes de la classe !
Alors papa Crapaud abandonne aussitôt ses partitions pour admirer les cahiers de Crapon et le féliciter.
Crapounet est un peu triste. Il voit bien que Crapon est le préféré de papa Crapaud. Il pense : « Évidemment, il est l'aîné, moi, je ne suis que le cadet… »

Maman Crapaud est maîtresse à l'école du quartier de l'Étang. Et, surtout, surtout, elle est très occupée avec les jumeaux, Crapoussine et Crapoussin. Ils sont terribles, ces deux-là ! Ils ne font que des bêtises. Il faut sans cesse les surveiller.

Dès que Crapounet a le dos tourné, ils cassent ses jouets, déchirent ses livres, gribouillent ses beaux dessins.
Crapounet les menace :
– Arrêtez d'abîmer mes affaires ou je vous mets des coups de pied au derrière !
Mais maman Crapaud intervient :
– Voyons, Crapounet, ne leur fais pas peur. Ils ne le font pas exprès. Ils sont encore tout petits, alors que toi, tu es déjà grand !
Crapounet sait bien qu'il est plus grand que les jumeaux, puisqu'il est le deuxième Crapaud, mais il est un peu triste, quand même. Il voit bien que Crapoussine et Crapoussin sont les chouchous de maman Crapaud.
Il pense : « Évidemment, ce sont les petits derniers. Moi, je ne suis que le cadet… »

D'ailleurs, quand Crapounet demande à maman Crapaud de l'écouter jouer du hautbois, elle n'a jamais le temps.
Elle répond :
– Plus tard, Crapounet, plus tard.
Je corrige les cahiers de mes élèves !
Mais si, à ce moment-là, Crapoussine et Crapoussin se mettent à éternuer, maman Crapaud abandonne aussitôt la correction des cahiers pour les emmener chez le médecin.

Alors, un soir, tandis que maman Crapaud fait manger les petits et que papa Crapaud se prépare pour aller diriger l'orchestre des grenouilles, Crapounet va s'asseoir tout seul au bord de l'étang. Là, il joue du hautbois pour oublier. Oublier qu'il n'est que le deuxième Crapaud. Celui qui n'est ni le préféré de papa Crapaud ni le chouchou de maman Crapaud. Puis, petit à petit, il joue pour le plaisir de jouer. Le plaisir de sentir le hautbois vibrer sous ses doigts. Le plaisir d'entendre les sons harmonieux qui s'en échappent rebondir sur la surface lisse de l'étang, caresser les roseaux et s'élancer jusqu'à la cime des bouleaux.

Absorbé par sa musique, Crapounet ne s'aperçoit même pas que la nuit est tombée depuis longtemps déjà. Lorsqu'il s'arrête de jouer, seules la lune et les étoiles éclairent faiblement les alentours de l'étang.
À ce moment-là, des applaudissements et des cris d'admiration retentissent autour de lui.
– Bravo ! Encore ! Que c'est beau !
Étonné et intimidé, Crapounet découvre que tous les habitants du quartier de l'Étang, petits, moyens et grands, se sont regroupés, sans bruit, à ses côtés, pour l'écouter jouer.

Entre deux applaudissements,
des murmures parcourent l'assemblée :
– Mais qui est donc ce merveilleux musicien ?
– Mais d'où vient donc ce génie du hautbois ?
Alors, papa et maman Crapaud, suivis de Crapon, de Crapoussine et de Crapoussin, écartent la foule des admirateurs de Crapounet pour acclamer celui-ci de plus près.
Papa Crapaud, qui a oublié d'aller diriger l'orchestre des grenouilles pour la première fois de sa vie, monte Crapounet sur ses épaules. Maman Crapaud, qui a lâché la main de Crapoussine et de Crapoussin pour la première fois de leur vie, se serre contre son mari, et tous deux annoncent fièrement :
– Ce merveilleux musicien, c'est notre fils, Crapounet Crapaud ! Le cadet de nos enfants ! Un crapaud unique au monde !
Crapon, quant à lui, se hausse sur les orteils et clame à tue-tête :
– Ce génie de la musique vient d'ici : c'est mon frère, Crapounet Crapaud !
Un crapaud exceptionnel !
Pendant ce temps-là, Crapoussine et Crapoussin, encore sous le charme des notes s'envolant du hautbois de Crapounet, s'endorment, la tête dans les étoiles.

Depuis ce soir-là, Crapounet n'est plus jamais triste quand papa Crapaud regarde les cahiers de Crapon ou quand maman Crapaud s'occupe de Crapoussine et de Crapoussin. Il n'est peut-être que le deuxième crapaud, mais il sait que, dans la famille Crapaud, il est un crapaud unique au monde, un crapaud exceptionnel ! Il est Crapounet, crapaud cadet, le seul crapaud à qui l'on demande de jouer du hautbois !

Poudre de lune

Il était une fois, en l'an 1200 et des poussières, tout au bout d'un pays lointain, une montagne bleue qui escaladait le ciel de toute la force de sa roche. Elle se terminait par un pic pointu sur lequel reposait un petit nid de pierre. Tous les cent ans, la lune venait s'y poser, comme un œuf pondu par la nuit.

Tout en bas de la montagne, dans une grotte de terre, vivait Ongledenfer, une sorcière très savante. Depuis des années, elle faisait des additions et des multiplications énormes. Enfin, un lundi, elle poussa un cri :

– C'est cette nuit ! La lune va enfin se poser sur le nid de la montagne !

Elle avait décidé d'installer son chaudron là-haut, d'y pousser la lune et de la faire cuire afin de la réduire en poudre. La poudre de lune est, pour les sorcières, aussi précieuse que l'or pour les rois. En capturant la lune, elle deviendrait la sorcière la plus puissante de la nuit !

Ongledenfer enfourcha donc son balai, le chaudron sur l'épaule, et mit le cap vers le sommet. Une fois arrivée, elle posa son chaudron dans le nid de pierre, ramassa du bois, le glissa dessous et attendit… La nuit finit par se lever et devenir noire comme de l'encre, puis la lune apparut ! La sorcière, le couvercle du chaudron à la main, la guettait, comme le chat guette la souris. Elle ne bougeait plus d'un ongle ! La lune descendit lentement du ciel, approcha… puis, au lieu de se poser sur le nid de pierre, elle se posa… dans le chaudron de la sorcière. Clac !

Cette dernière ferma le couvercle,
posa un gros caillou dessus
et enflamma les bûches selon le rituel
ancestral des sorcières.

Des fumées étranges montaient
et descendaient le long de la montagne.
La sorcière était trempée d'une sueur
brûlante. Elle trépignait d'impatience
à l'idée du trésor qu'elle était en train
de préparer !
Soudain, malgré la lourde pierre,
sous le couvercle du chaudron
apparut un liquide jaune pâle qui se mit
à couler, couler, couler… La lune avait
fondu comme une plaquette de beurre
et ruisselait le long de la montagne
telle une cascade d'or blanc. Puis
la cascade devint un torrent brûlant
si puissant qu'il emporta la sorcière,
qui fut roulée, ballottée et carbonisée !
Elle eut une dernière pensée
pour ses ancêtres… Quelle erreur
avait-elle bien pu commettre pour faire
du jus de lune et non de la poudre ?

Au pied de la montagne bleue se forma
un lac de lune qui, peu à peu, refroidit
et devint solide. La lune était maintenant
étendue sur le sol et le ciel restait vide
et noir. Sur terre, des hommes, inquiets,
cherchèrent l'astre partout. Ils finirent
par remarquer une lumière étrange
au bout du pays et marchèrent vers elle.

Quand ils découvrirent le lac de lune, ils se mirent en cercle autour de lui et, tous ensemble, le soulevèrent à bout de bras. Alors, la nuit, qui n'attendait que ça, put se pencher et, de son souffle tendre et puissant, faire décoller la lune et l'emporter à nouveau dans le ciel infini.

Dans la grande famille des sorcières, on se raconte d'âge en âge l'histoire terrible d'Ongledenfer, et aucune sorcière ne se risque plus à essayer de faire cuire la lune.
Ainsi, tous les cent ans, l'astre continue de se poser sans danger tout en haut de la montagne bleue pour lui raconter les mystères de la nuit. Si, un jour, vous escaladez cette montagne, posez votre oreille contre le nid de pierre, vous les entendrez peut-être, vous aussi…

L'étoile de mer

Ce matin, Mia part en vacances à la mer avec ses parents et son petit frère. Dans le coffre de la voiture, papa et maman ont entassé les parasols, les maillots à fleurs, les serviettes, les bons sandwichs et la crème solaire.

– Ah ! Ah ! Ah ! Mais c'est glagla ! crie Mia en posant un doigt de pied dans l'eau.

– Aïe aïe aïe ! Il m'a pincé ! crie Mia quand un crabe frôle ses orteils.

– Oh, non ! crie Mia quand Basile, son petit frère, déboule sur son château de sable. Arrête de m'embêter et de me suivre partout ! J'en ai assez de ce microbe ! J'ai envie d'être seule ! continue-t-elle à crier en partant se promener le long de la plage.

Mia ramasse des coquillages pour faire des roudoudous au caramel ou des colliers pour mamita. Elle ramasse même les cassés parce qu'elle les trouve beaux. Soudain, elle tombe sur une étoile.
– Pauvre petite étoile, s'exclame-t-elle en la ramassant. Tu es tombée du ciel ? Et elle court retrouver ses parents.
– Mia, explique maman, c'est une étoile de mer, pas une étoile de ciel.
– Alors pourquoi elle est toute froide ? Et pourquoi elle n'était pas dans l'eau si c'est vraiment une étoile de mer ?

Le soir, en rentrant à la maison, Mia, qui n'en fait qu'à sa tête, grimpe dans le cerisier du jardin et pose l'étoile sur la plus haute branche.

– Voilà ! Comme ça, tu vas pouvoir rentrer chez toi ! Et n'oublie pas de me faire coucou depuis là-haut !
Mia pose un petit baiser sur son étoile de ciel et va se coucher.

Le lendemain matin, l'étoile a disparu.
– Je savais bien que c'était une étoile de ciel ! Ce soir, je la regarderai briller dans la nuit.

De retour à la plage, Basile trouve un crabe tout sec sur le sable :
– Pauvre petit crabe ! Tu es tombé du ciel ? Ne t'inquiète pas ce soir, je te mettrai dans le cerisier et tu rentreras chez toi.
Et tu n'oublieras pas de me faire coucou de là-haut ! Et de dire bonjour à l'étoile de ciel de Mia ! Comme ça, vous serez frère et sœur, comme nous !
Pas vrai Mia ?
Mia prend son frère dans ses bras :
– Oui, oui, comme nous. Tu sais, tu m'énerves souvent, mais je t'aime, tiens ! Ça te dirait qu'on fasse un château de sable, tous les deux ?

Pauvre Félicien !

Pauvre Félicien ! Ce soir,
il n'arrive pas à s'endormir.
Il y a trop de bruit !
Félicien agite ses grandes oreilles
et soupire :
– Pffff !

Dans la salle de bains, des petites gouttes d'eau tombent du robinet ; ça fait « toc toc toc » contre le lavabo. Dans le bureau, l'aiguille de la pendule se balance en faisant « tic tac tic tac ». Félicien s'énerve dans son lit.

Dans la cuisine, papa range la vaisselle, ça fait « cling clang », et maman chante :
– *Do ré mi fa sol la si…*
Assis sur sa couette, Félicien dit :
– Chuuuut…

Mais il entend encore un chat qui fait « miaou miaou » sur le toit de la maison, deux oisillons qui sifflent « cui cui », et, juste au-dessus de son nez, une mouche qui vole « bzzz bzzz »…
Cette fois-ci, Félicien met son oreiller sur sa tête et crie :
– Silence !

Mais Félicien entend encore les bruits de la rue : le camion des pompiers qui hurle « pimpon pimpon », et une moto de course qui fait « vroum » !

C'est un peu fort ! Félicien prend sa couette, son oreiller et son doudou, et déménage dans le salon. Ici, il n'y a plus un bruit. Sur le canapé douillet, il s'endort comme un bébé.

Soudain, tard dans la nuit, un terrible bruit s'élève. Maman Chien sursaute et secoue son mari :
– Que se passe-t-il, chéri ?
Dans le noir, papa Chien marche sur la pointe des pattes jusqu'au salon : c'est Félicien, qui ronfle comme un tracteur ! Ça fait « romp chi, romp chi ».

Maman Chien caresse doucement son petit en chuchotant :
– Félicien, réveille-toi, tu ronfles fort…
Papa Chien lui pince le nez :
– Ça suffit, ce bruit !

Félicien ouvre un œil, bâille un grand coup, se tourne de l'autre côté et continue de ronfler : « romp chi, romp chi » !
Cette fois, c'est papa et maman Chien qui ne peuvent pas dormir !

Maîtresse Lune

La Lune est inquiète et agitée ; cette nuit, c'est la rentrée, et c'est elle, la maîtresse ! Quelle cohue ! Voilà une vingtaine de nouvelles étoiles, âgées d'à peine quelques années-lumière, qui arrivent toutes perdues dans l'école aux murs de velours noir.

Maîtresse Lune doit les rassurer ! Ensuite, elle doit leur montrer comment percer la nuit pour y trouver leur place. Certaines étoiles ont oublié leurs ciseaux et d'autres découpent tout de travers le beau velours de l'univers.
– Non, non, surtout pas comme ça ! s'écrie la Lune.
Elle a parlé trop fort, et voilà une petite étoile qui pleure. La Lune est désolée ; pour la consoler, elle lui offre une plume et lui montre comment la tremper dans l'encre de la nuit pour faire un dessin.

Pendant ce temps, deux étoiles jumelles se disputent et font des étincelles ! La Lune sent que sa colère va éclater. Elle a bien envie d'envoyer ces bagarreuses en punition tout au fond de la Voie lactée. Mais non, pas question de les effrayer le jour de la rentrée.
Maîtresse Lune se détend et dit en souriant :
– Nous allons bouger un peu pour nous défouler.
Et elle apprend aux étoiles à respirer profondément pour mieux briller.

La Lune prend sa lyre et les étoiles se mettent à danser en faisant la ronde. Puis la maîtresse leur demande de se ranger pour former une constellation :

– Un coquillage ? Une casserole ?
un chariot ? Un taureau ?
Que voulez-vous former ?
C'est à vous de décider.
Les étoiles ne sont pas d'accord entre elles, et le résultat est un peu biscornu.
– Pour une première nuit, ce n'est pas si mal, dit maîtresse Lune. Nous réessaierons demain. En attendant : récréation ! Vous pouvez jouer aux étoiles filantes et aux comètes, mais, attention, sans vous cogner.

Ouf, maîtresse Lune peut enfin souffler un peu et regarder, émue, toutes ses étoiles qui brillent. Quand la récréation est finie, elle demande le silence et dit à ses élèves :
– Vous êtes si lumineuses ! Savez-vous que votre rôle est très important ? Vous êtes les portes du ciel et les yeux merveilleux de la nuit. Je suis très fière d'être votre maîtresse.

À ces mots, les étoiles deviennent roses de plaisir. Elles se sentent très fières, elles aussi, de leur place dans l'univers. Et quand l'étoile du matin se lève, annonçant que l'école est finie, elles rentrent chez elles en pensant à tous les hommes qu'elles guideront pour qu'ils ne se sentent jamais perdus dans la nuit.

Le collier d'étoiles

Ophélie passe ses vacances près d'une grande forêt. Ce matin, elle ne trouve pas le chemin de la rivière. Elle est complètement perdue.

En se faufilant entre deux grands chênes penchés qui mélangent leurs branches, elle découvre, parmi les racines des arbres, un écureuil, une souris et un oiseau enfermés dans une cage.

– Libère-nous, disent les animaux, et nous ferons pour toi tout ce que tu voudras.

– Bien sûr, dit Ophélie, les animaux sont mes amis. Sortez vite d'ici !

À peine les animaux ont-ils disparu dans la forêt que, dégringolant d'une grosse branche feuillue, une sorcière lui saute dessus :
– Bien attrapée, ma poupée ! Tu t'es permis de libérer mes prisonniers, eh bien cette cage sera pour toi !
Aussitôt, Ophélie se sent rétrécir, tandis que la sorcière éclate de rire. Elle glisse Ophélie dans la cage mais, au moment de refermer la porte, elle change d'avis :
– Ce soir, petite, c'est la pleine lune et je vais aller danser. Alors si tu veux retrouver ta taille, fabrique-moi un collier assez extraordinaire pour me plaire !
Après l'avoir sortie de la cage, la sorcière jette au loin la minuscule Ophélie, qui roule dans les feuilles et dans la mousse.

Quand elle relève le nez, l'écureuil qu'Ophélie a sauvé est à ses côtés et lui dit :
– La sorcière t'a demandé un collier extraordinaire ? Eh bien, donne-lui ce collier d'aiguilles de pin et tu verras bien.
Ophélie court vers les grands arbres en criant :
– Sorcière, sorcière, voici le collier que tu m'as demandé.
Mais quand elle le voit, la sorcière se met en colère :

– Des aiguilles de pin, ça n'a rien d'extraordinaire et ça ne convient pas à mon teint !
Et elle casse le collier. Mais ces aiguilles de pin-là sont extraordinaires : au lieu de tomber par terre, elles foncent sur la sorcière pour la piquer, et cette dernière se dégonfle comme un ballon percé. Ophélie a très envie de rire.
– Apporte-moi un autre collier, ou sinon ça va barder ! crie la sorcière dégonflée.
Et elle pousse au loin la minuscule Ophélie, qui roule dans les feuilles et dans la mousse.

Quand elle relève le nez, la souris qu'Ophélie a libérée est à ses côtés et lui dit :
– La sorcière t'a demandé un collier extraordinaire ? Eh bien, donne-lui ce collier de cailloux et tu verras bien.
Ophélie court vers les grands arbres en disant :
– Sorcière, sorcière, voici le collier que tu m'as demandé.
Mais la sorcière se met en colère :
– Des cailloux, ça n'a rien d'extraordinaire et c'est bien trop froid pour mon cou !
Et elle casse le collier. Mais ces cailloux-là sont extraordinaires : au lieu de tomber par terre, ils se jettent sur la tête de la sorcière pour l'écrabouiller.

Ophélie a très envie de rire.

– Apporte-moi un autre collier ! C'est ta dernière chance avant d'être enfermée ! s'écrie la sorcière ratatinée.

Et elle lance au loin la minuscule Ophélie, qui roule dans les feuilles et dans la mousse.

Quand elle relève le nez, l'oiseau qu'Ophélie a sauvé est à ses côtés et lui dit :

– La sorcière t'as demandé un collier extraordinaire ? Eh bien, donne-lui ce collier de plumes et tu verras bien.

Ophélie court vers les grands arbres.

– Sorcière, sorcière, voici le collier que tu m'as demandé !

Mais la sorcière se met en colère :

– Des plumes, ça n'a rien d'extraordinaire et ça me fait éternuer !

Et elle casse le collier. Mais ces plumes-là sont extraordinaires : au lieu de s'envoler dans les airs, elles foncent sur la sorcière pour la chatouiller.

La sorcière, dégonflée et rétrécie, se tortille tellement de rire qu'elle roule, roule, sans voir où elle va.

Alors, Ophélie ouvre la cage, la sorcière y entre sans même s'en apercevoir, et clac, la fillette l'enferme ! Aussitôt, Ophélie retrouve sa taille normale.

L'écureuil, la souris et l'oiseau s'approchent en s'écriant :
– Youpi ! Ce soir, c'est la pleine lune mais toi, sorcière, tu resteras ici pendant que nous, nous irons danser avec notre amie Ophélie. C'est à elle qu'il faut un collier extraordinaire ! Elle l'a bien mérité !
Alors, à la nuit tombée, l'oiseau cueille cinq étoiles dans le ciel satiné. La souris les enfile sur un rayon de lune, solide et léger. Et c'est l'écureuil qui, au cou d'Ophélie, attache le collier. Puis, tous ensemble, ils vont danser au bord de la rivière en oubliant complètement la vilaine sorcière !

Moi, j'endors mon petit frère

Au pays des sorciers, les bébés sont très énervés en fin de journée.
Un soir de pleine lune, Berlingot hurle dans son berceau :
– Ouin-in-in !
Aussitôt, hop ! Croque-sucette prend son petit frère dans ses bras :
– Moi, je suis une super grande sœur, alors je vais t'endormir à toute vitesse.
– Je te donne un petit quart d'heure, dit maman en riant. Ensuite, c'est moi qui m'occuperai de monsieur Berlingot.

Vite, Croque-sucette enfourche son balai et, tout doux, elle s'envole par la fenêtre avec son petit frère.
– Mon trognon en pain d'épice va partir au pays du sommeil, tout là-haut sur le poirier.
– Agaga-ga, roucoule Berlingot, puis il ferme les yeux, et Croque-sucette pose son balai sur une grosse branche.

À cet instant, Rabichou, le petit hibou, se perche sur le balai et hulule :
– Hou là hou là là, viens jouer avec moi, Croque-sucette.
Et Berlingot rouvre les yeux.
Sans s'énerver, Croque-sucette chuchote :
– Hibou, mon petit chou, je joue à la super grande sœur. Viens dormir sur mon épaule.
Tout content, Rabichou se roule en boule sur l'épaule de Croque-sucette, puis une, deux, une, deux, Aglaé, l'araignée géante du poirier, lance et rattrape le balai de Croque-sucette pour bercer les bébés. Et les deux petits ferment les yeux.

À cette minute, Gaston, le petit hérisson, arrive en reniflant :
– Tu beux bien benir chouer avec boi, Croque-sucette ?
Et les deux petits rouvrent les yeux.

Sans se mettre en colère,
Croque-sucette roucoule :
– Mouche vite ton nez, Gastounet,
et viens jouer à dormir sur mon dos.
Tout content, Gaston s'accroche
au cou de Croque-sucette. Zou,
la petite sorcière emmène son balai
au-dessus de la mare des crapauds
qui racontent des histoires la nuit.
– Coa coa, il était une fois trois petites
souris qui trottinaient sans bruit,
coassent les crapauds.
Et les trois coquins ferment les yeux.

À ce moment-là, Popaul le rossignol
arrive vers Croque-sucette en chantant :
– Cui cui cui, j'ai envie de jouer
à cache-cache avec toi !
Et les trois petits rouvrent les yeux.
– ZUTDEZUTDEZUTDEZUT,
grogne Croque-sucette, installe-toi
sur ma tête, Popaul. Je n'ai plus que
cinq minutes pour endormir Berlingot.
Sans hésiter, Popaul se blottit
sur le chapeau de Croque-sucette.
Et coa coa, les crapauds continuent
à coasser leur histoire.
Maintenant, les quatre coquins
dorment à poings fermés,
et Croque-sucette soupire :
– Ouf, j'ai réussi à endormir Berlingot.
Il faut que je le remette dans son berceau.

La petite sorcière bâille… Ses yeux se ferment à demi. Sa tête dodeline et plouf, elle s'endort sur son balai au-dessus de la mare.

À cette seconde, les parents de Rabichou, de Gaston et de Popaul arrivent en criant :
– Au secours, nos petits choux d'amour ont disparu !
– Notre Croque-sucette et Berlingot aussi, gémissent papa et maman sorciers.
Aussitôt, tous les crapauds s'arrêtent de coasser et chuchotent :
– Chut, arrêtez de faire du bruit ! Nous avons endormi vos petits trésors.
– Non, c'est moi, proteste le poirier.
– Menteur, c'est moi, crie Aglaé l'araignée.
Mais Croque-sucette ouvre un œil et clame d'une voix indignée :
– Je suis une super grande sœur ! Alors, c'est moi qui ai endormi les petits choux.
Puis, zzzzzzz, elle retourne au pays des marmottes.

Zemanel - Crescence Bouvarel

L'ours blanc qui voulait être vert

Le jour où le roi de la forêt distribue leurs couleurs aux animaux, certains d'entre eux arrivent en retard. C'est le cas de l'ours polaire, de la colombe et de quelques lapins.
Tandis que, tout autour d'eux, les autres animaux se promènent habillés de vert, de rouge, de jaune ou de bleu, eux sont restés blancs. Blancs comme la neige et le brouillard.
Ils ont beau frapper à la porte du roi de la forêt, appeler, crier, pleurer, celui-ci n'entend rien. Il s'est rendormi pour des millions d'années.

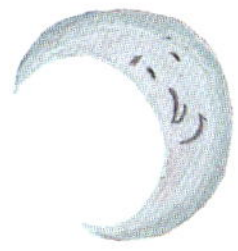

– Qu'est-ce qui vous a mis en retard ? demande la lune, qui vient juste de se lever.

– Le vent, répond la colombe. Il m'a emportée et je me suis égarée.

– La peur, répond le lapin. À chaque bruit, à chaque pas, j'ai préféré me cacher.

– Moi, répond l'ours, c'est la grasse matinée. J'aime dormir et je ne me suis pas réveillé.

– Ce n'est pas si grave, dit la lune. Regardez tout autour de vous : le monde est très coloré. Avec le blanc, vous êtes sûrs de vous faire remarquer. La colombe et le lapin se font une raison et cessent de pleurer. L'ours, lui, vient d'un pays blanc, fait de neige, de glace et de brouillard. Rester blanc, cela ne lui convient pas du tout. Lui veut être vert. Après tout, il est l'un des plus grands prédateurs, il lui faut une belle couleur pour le mettre en valeur.
Il a choisi le vert, alors il sera vert, coûte que coûte, avec ou sans l'aide du roi de la forêt.

Le voilà donc parti sur les chemins du monde, demandant du vert à tous ceux qui voudront bien lui en donner.
Il commence par rendre visite à ses plus proches cousins, ceux qui griffent et qui mordent, ceux qui sèment la terreur.

Mais ni le tigre, ni la panthère, ni le lion ne peuvent lui rendre service. Aucun d'eux n'avait eu l'idée de choisir le vert. Il n'en trouve pas plus chez les autres mammifères.
« Vous serez sûrs de vous faire remarquer », disait la lune, et elle avait raison ! Au milieu de ses cousins colorés, l'ours blanc ne passe pas inaperçu. Et si, devant lui, personne ne sourit, derrière son dos, il sent les grimaces et les moqueries.
« Qu'importe, se dit-il, le jour où je serai vert, le plus beau, ce sera moi, et aucun cousin ne rira. »

Ensuite, il va trouver ceux qui portent plumes et duvet. Cette fois-ci, du vert, il y en a.
Chacun y va de son don et, grâce aux perruches, aux perroquets et aux aras, il peut se couvrir trois pattes.
Cela lui donne un air étrange : on dirait qu'il a perdu une chaussette.
Et si, devant lui, personne ne sourit, derrière son dos, l'ours blanc sent les grimaces et les moqueries.
« Qu'importe, se dit-il, le jour où je serai vert, le plus beau, ce sera moi, et aucun volatile ne rira. »

Il poursuit sa route et va trouver tous ceux qui portent une carapace ou des écailles. Une fois de plus,

du vert, il y en a. Chacun y va de son don et, grâce aux tortues, aux crocodiles, aux lézards, aux serpents et aux poissons, il peut se couvrir la quatrième patte, le ventre, la queue et la moitié de son dos rond. Cela lui donne toujours un air étrange : on dirait qu'il a enfilé un pull pas terminé. Et si, devant lui, personne ne sourit, derrière son dos, l'ours blanc sent les grimaces et les moqueries.
« Qu'importe, se dit-il, le jour où je serai vert, le plus beau, ce sera moi, et aucun reptile ne rira. »

Il continue sa route et va trouver les tout petits insectes. Là non plus, le vert ne manque pas.
Chacun y va de son don et, grâce aux sauterelles, aux chenilles et autres petites bêtes, il peut se couvrir le reste du dos et la tête. Il n'y a plus que quelques endroits blancs ici et là, ce qui lui donne un air encore plus étrange : on dirait qu'il s'est enroulé dans une couverture toute trouée.

Et si, devant lui, personne ne sourit, derrière son dos, l'ours blanc sent les grimaces et les moqueries.
« Qu'importe, se dit-il, le jour où je serai vert, le plus beau, ce sera moi, et aucun insecte ne rira. »

Alors il décide de compléter son costume avec quelques feuilles, de la mousse et de l'herbe. Ça y est, le voilà entièrement vêtu de vert.
« Que je suis beau ! se dit-il. Me voilà fin prêt pour rentrer dans mon pays de neige et de brouillard. »

À présent, autour de lui, il n'y a plus ni rires ni moqueries. Tous ceux qui le croisent restent muets tant ils sont surpris. Sur la banquise couleur lait, on ne voit que lui. Il se promène, se pavane pour montrer son bel habit.
« Je suis beau ! se dit-il. Je suis le plus beau ! »

Le temps passe et, peu à peu, l'ours blanc sent que quelque chose ne va pas. Quand les rayons du soleil le chatouillent de trop près, il a chaud, bien plus que lorsqu'il n'avait pas de manteau.
« Qu'importe, se dit-il, par ici il fait toujours trop froid… Et puis, je suis beau ! Ceci vaut bien cela. »
Quand son ventre grogne et que la faim le prend, il a du mal à trouver de quoi manger. Sur fond blanc, le vert se voit de loin, alors ses repas ont le temps de fuir et de se cacher…

« Qu'importe, se dit-il, de toute façon, je suis bien trop rond, je vais perdre du poids… Et puis, je suis beau ! Ceci vaut bien cela. »

Mais le pire arrive un beau jour alors qu'il se repose, allongé. Le sifflement d'une lance vient le réveiller : c'est l'homme, le roi de tous les chasseurs. L'ours se sauve, court dans la neige, s'enfonce dans le brouillard, mais derrière lui, les flèches et les lances volent toujours. Où qu'il aille, l'homme le retrouve.
Épuisé, l'ours renonce à son manteau, l'enlève et disparaît enfin dans la neige et le brouillard.
Petit à petit, le vent efface les traces de ses pas et, loin derrière lui, l'homme finit par disparaître aussi.

L'ours blanc n'a plus jamais retrouvé son bel habit, mais qu'importe ! Dans ce pays de neige et de brouillard, un ours qui veut rester vivant a tout intérêt à s'habiller de blanc. C'est ce qu'ont d'ailleurs bien compris certains loups et certains renards : s'ils sont restés blancs, ce n'est pas par hasard… c'est qu'ils avaient une bonne raison et non parce qu'ils étaient arrivés en retard. Alors, pour la prochaine distribution de couleurs, c'est décidé, l'ours polaire fera la grasse matinée.

Kochka - Lucie Minne

La petite lanterne « tchotchine »

Dans la maison de Mayumi, les toilettes sont au fond de la cour. Le jour, ce n'est pas un problème : Mayumi traverse la cour et elle dit bonjour à l'arbre et elle dit bonjour au puits. Mais Mayumi n'ose pas y aller la nuit.

Un soir, Ai, sa vieille grand-mère, lui rend visite. Elle porte un joli sac, mais ne l'ouvre pas tout de suite.
– Il y a longtemps, très longtemps, raconte Ai, seule la lune brillait dans la nuit. Les étoiles n'existaient pas, aussi, quand il faisait trop noir, les gens n'osaient pas sortir. Mais un jour, un magicien, monsieur Ito, inventa une petite lanterne magique, « tchotchine », en japonais, et en donna une à chaque villageois. La nuit suivante, tout le monde alluma sa lanterne. Grâce à l'air chauffé par la bougie, les lanternes montèrent, montèrent, et s'accrochèrent dans le ciel. Ainsi, chacun eut sa petite étoile lointaine qui brillait au-dessus de lui…

À présent, la nuit est tombée sur la cour de la maison de Mayumi. Ai sort avec la petite fille un peu inquiète. L'arbre, si tendre et si joli le jour, forme une grande ombre dans la nuit, et il fait si sombre que la fillette a peur de tomber dans le puits. Mais Ai ouvre son sac et en sort une petite lanterne magique.
– Viens, dit-elle, on va allumer la bougie…
Alors, la petite lanterne monte, monte dans les airs et s'accroche très loin dans le ciel, au-dessus de la cour de Mayumi.

– Oh ! C'est beau ! Merci, Ai ! dit la petite fille, et elle salue sa grand-mère car il est temps d'aller dormir.

Quelques heures plus tard, Mayumi se réveille : elle a très envie de faire pipi. Les yeux encore pleins de sommeil, elle se dirige vers le petit pot de chambre que sa maman a installé près de son lit. Mais soudain, elle repense à Ai et à la petite tchotchine. Alors, elle enfile ses socques et quitte sa chambre sans faire de bruit…

Dehors, l'arbre forme une grande ombre dans la nuit et, un peu plus loin, il y a le puits… Mais Mayumi lève la tête et regarde dans le ciel sa petite étoile qui luit.

Alors, elle sort de la maison en courant, souhaite une bonne nuit à l'arbre, souhaite une bonne nuit au puits, puis traverse toute la cour pour aller faire pipi. Et quand elle a fini, le plus vite possible, elle retourne dans son lit.

Dans le désert de Gobi

Le soir tombe enfin, dans le désert de Gobi. Après avoir marché toute la journée, hommes, femmes, enfants et bêtes installent leur camp pour la nuit. C'est alors que la chamelle met au monde son chamelon. Tout de suite, il se dresse sur ses pattes et cherche les mamelles de sa maman, qu'il tête avidement. Quand il s'arrête, il regarde longuement autour de lui le grand désert de Gobi, puis la chamelle se couche et le chamelon se niche contre son flanc pour se protéger du froid nocturne. Au bout d'un moment, le petit se réchauffe et s'endort.

Pendant qu'il dort, la maman chamelle veille. Elle sait qu'il ne faut pas se fier au calme qui règne. Elle pense à son autre chamelon, qu'un loup a emporté l'année passée, la nuit même où il est né. Alors, depuis ce temps-là, les chamelles se sont organisées. Toutes les nuits, elles guettent les alentours, bien décidées à empêcher le loup d'approcher. Soudain, le silence du désert est troublé par d'étranges gémissements. Le chamelon s'éveille, et l'ensemble du troupeau va voir d'où provient le bruit. Ils découvrent un louveteau blessé qui geint. Une plaie béante est ouverte sur son dos et du sang coule doucement sur le sol. Le chamelon s'en approche sans hésiter et lèche la blessure. Aussitôt, le louveteau cesse de gémir et ouvre les yeux.

Dans le désert de Gobi, cette nuit-là, il se passe quelque chose d'inouï : pour la première fois, un chamelon soigne un louveteau. Au bout d'un moment, le petit loup se relève et la maman chamelle écarte son bébé. Le chamelon est surpris par sa réaction, car il ne se sent pas du tout en danger. Lentement, le louveteau s'éloigne. De temps en temps, il se retourne, comme s'il craignait d'être poursuivi.

Quelques instants plus tard, il n'est plus qu'un petit point à l'horizon. Les chamelles retournent vers le campement, où hommes, femmes et enfants dorment paisiblement.

Pendant ce temps, le louveteau a retrouvé ses parents, à qui il raconte son aventure : un gros oiseau l'a attaqué et a essayé de le soulever. Il s'est débattu et l'oiseau l'a lâché, puis le chamelon est arrivé et l'a soigné. Ses parents et tous les loups de la meute lui promettent que jamais plus ils n'attaqueront de chamelon ! Et, depuis cette nuit-là, c'est ce qui se passe à cet endroit du désert de Gobi : plus aucune maman chamelle ne craint pour son petit, et la vie continue sans soucis !

Le temps a passé. Un jour, le chamelon devenu presque grand rencontre un louveteau devenu, lui aussi, presque grand. Pendant un long moment, ils se dévisagent, puis le jeune loup penche la tête et dit :
– Je te reconnais ! Un jour, tu m'as soigné, et grâce à toi, dans le désert de Gobi, les louveteaux et les chamelons peuvent être amis !
Cette fois, pour la première fois dans le désert de Gobi, un chamelon et un louveteau, devenus tous les deux presque grands, se sourient ! Ils savent que, désormais, ils seront inséparables !

Gaspard le guépard va au dodo

Il est l'heure de dormir dans la grande savane. Les animaux ont sommeil et bâillent une dernière fois avant de se dire bonne nuit.

– Faites de beaux rêves ! dit Armand l'éléphant à tous ses amis presque endormis.

Tout à coup, on entend pleurer une petite voix.

– Maman, maman…

C'est Gaspard, le petit guépard, qui déteste la nuit et le noir tout noir. Gaspard, le petit guépard, qui n'aime pas s'allonger tout seul sous le grand baobab et qui n'aime pas que sa maman dorme un peu plus loin.

Mais la lune l'a entendu et elle se met à briller plus fort. Elle éclaire alors le grand baobab, dans la savane assoupie, et Gaspard le petit guépard peut dormir tranquille, sous les rayons de sa belle veilleuse qui sourit.

Rêve d'étoile

Habituellement, Myrna se couche très facilement : un gros bisou à papa et maman, un rapide coucou à ses doudous alignés sur la commode, et hop, elle est déjà au lit. Elle étend alors le bras pour éteindre sa lampe de chevet et pose sa tête sur l'oreiller. Un court instant plus tard, ses grands yeux verts se ferment, et elle s'endort paisiblement.

Mais aujourd'hui, impossible de fermer l'œil : au creux de son lit douillet, Myrna ne parvient pas à trouver le sommeil. Elle tourne et vire en soupirant :
– Demain, c'est le grand jour, je suis si impatiente ! Il faut que je vérifie une dernière fois mes affaires, je ne dois rien oublier.

Malgré l'heure tardive, elle se lève sans faire de bruit et contrôle le contenu de son sac :
– Mon tutu argenté, mes collants pailletés, mes ballerines dorées, mon voile irisé, mon diadème scintillant. Oh ! qu'il est beau avec ses deux étoiles, on dirait des diamants !
Le posant sur sa tête, elle esquisse une arabesque et s'imagine déjà sur la scène du théâtre.
– C'est certain, ma danse de l'étoile éblouira le public. Pourvu que je me souvienne des pas, j'ai tellement peur de tout rater ! Au moins, mon costume est complet, se rassure-t-elle. Allez, il est grand temps de dormir.

Légère comme une plume,
elle se recouche et remonte sa couette
jusqu'au menton. Après un long
bâillement, elle s'endort enfin.

Par la fenêtre entrouverte, une délicate
brise entre et caresse sa joue. Une voix
mélodieuse lui murmure :
– Je suis Astrid, l'étoile des rêves.
Du haut du ciel, je te regarde danser
depuis très longtemps. Je me souviens
de ton premier gala : toute petite,
tu étais déjà si gracieuse ! J'admire
chacun de tes spectacles, et ton talent
m'émerveille à chaque fois. Je veille
sur toi. Sois tranquille, ta danse
de l'étoile, demain, sera très réussie.

Dans une nuée de paillettes d'or, Astrid
traverse la chambre de Myrna, survole
le sac tant de fois inspecté, effleure
le diadème et fredonne :
– Que cette nuit magique
te porte chance
et que cette étoile d'or
illumine tes rêves.
Rêve encore et encore,
dors et rêve fort !

Elle enchaîne quelques mouvements,
salue Myrna d'une jolie révérence,
puis, en un éclair, elle file dans la nuit
rejoindre le firmament.

Au petit matin, lorsque le réveil sonne, Myrna se dresse d'un bond et se précipite dans la cuisine, où ses parents lui ont préparé un délicieux petit déjeuner.
– Comment va ma petite danseuse ? As-tu bien dormi, ma chérie ?
– Maman, j'ai fait un rêve merveilleux !
– Mange, mon trésor ! Aujourd'hui, tu as besoin de prendre des forces.
– Elle était splendide et brillait de mille feux.
– Mais de qui parles-tu, Myrna ? interroge papa.
– D'une étoile, papa. Elle s'appelle Astrid, elle est venue me voir cette nuit. Elle m'a parlé, elle a dansé pour moi, c'était magnifique !
– Un bien joli rêve, en effet ! Presse-toi, Myrna. Pas question d'arriver en retard à ton gala de danse !
– N'oublie pas ton sac ! rappelle maman.
– Ma danseuse étoile semble être dans la lune, plaisante papa.
Une fois au théâtre, Myrna se rend dans les vestiaires pour se changer. Elle se sent perdue parmi les nombreuses petites danseuses déguisées en fleur, en papillon, en princesse, en arc-en-ciel… Timidement, elle sort les vêtements de son sac. Elle les enfile consciencieusement, se coiffe, ajoute une touche de maquillage.

Lorsqu'elle sort son diadème,
elle pousse un cri d'étonnement
en découvrant avec ravissement
une troisième étoile qui scintille
désormais près des deux autres.
– Ça alors ! s'exclame-t-elle.
C'est incroyable, elle ressemble
à Astrid !
Elle fixe le diadème sur son chignon
et retrouve aussitôt le sourire.

Myrna répète une dernière fois
son ballet sous le regard admiratif
des autres enfants.
Soudain, elle est appelée sur scène :
c'est le moment qu'elle attendait
avec tant d'impatience. Depuis le temps
qu'elle en rêvait ! Elle entre enfin
sous la lumière des projecteurs
et, parée de son étoile d'or,
elle danse encore et encore,
danse et danse fort !

Le lion qui voulait manger Pili

Il était une fois, dans une belle région d'Afrique, un chef très fier qui s'appelait Taji. Sa case était la plus grande du village et sa femme, Oni, était très gentille.
Un matin, après une longue nuit, Oni donna naissance à une petite fille, Pili. Comme elle était jolie ! Taji se sentit très fier quand elle poussa son premier cri !

Dès qu'Oni la lui tendit, Taji l'emporta sans rien dire et, parvenu au sommet de la colline, il leva le bébé dans la lumière du soleil.

– Vois, Ciel, comme elle est jolie !
C'est ma petite fille, Pili !
Puis il coucha la petite fille sur la terre, dans le lit rouge de la poussière.
– Vois, Terre, comme elle est jolie !
C'est ma petite fille, Pili !
Puis il trempa la fillette dans l'eau claire de la rivière.
– Vois, Fleuve, comme elle est jolie !
C'est ma petite fille, Pili !

En colère, Oni arriva derrière lui.
– Arrête de faire le fier, Taji !
Cette petite fille a bien le temps de découvrir tout l'univers !
Pour l'instant, elle a seulement besoin de la lumière dans le regard de sa mère, de mon lait blanc qui coule comme la rivière et de mes bras doux, qui seront pour elle le meilleur lit !
Mais Taji était le chef du village, et Pili était sa fille, alors il n'écoutait que lui.

La saison chaude passa, puis la saison des pluies et, chaque jour, malgré les protestations d'Oni, Taji emmenait Pili pour lui faire découvrir le pays.
Mais, un soir, de l'herbe haute de la savane, un énorme lion surgit !
Son estomac criait famine.

Vite, Taji posa la fillette, sortit son couteau, et un grand combat eut lieu, où le lion perdit la vie. Mais l'histoire n'est pas finie… Car, à cause des rugissements du lion et du grand combat terrible, la peur était entrée dans le corps de Pili. La petite fille se mit à pleurer toutes les nuits. Elle rêvait d'un lion énorme et s'éveillait pleine de cris !

Les jours et les saisons continuèrent de passer. Cachée dans la case de son père, Pili ne voulait plus sortir.
– Tu vois, Taji, c'est de ta faute, disait Oni. Tu as voulu faire les choses trop vite !
Et Taji se sentait puni. Il ignorait comment chasser le lion qui faisait peur à Pili.

Une nuit, sans un bruit, Uuka, un petit garçon du village, se glissa tout doucement dans le cauchemar de Pili et, au moment où le lion parut, il lui demanda de partir… Alors, pour la première fois depuis des mois, Pili dormit toute la nuit.
Le lendemain matin, son visage portait un sourire.
– *Mbote* papa ! dit-elle (ce qui veut dire « bonjour papa »). Aujourd'hui, je veux bien sortir !

Alors Taji gonfla son torse, et toute sa fierté de chef et de papa ressurgit !

Mais à peine avaient-ils mis un pied dehors qu'Uuka, le petit guerrier de la nuit, passa devant eux en courant… Aussitôt, Pili lâcha la main de Taji et elle courut jusqu'à lui.
– Je peux jouer avec toi ?
– Oui, répondit Uuka.
– Bon, attends-moi ! Je reviens ! dit Pili.
La petite fille courut chercher Oni et elle mit la main fine de sa maman dans la main forte de Taji.
– Voilà, allez vous promener, leur dit-elle. Il y a plein de choses à voir. La nature est très jolie !
Le temps qu'Oni et Taji se regardent et qu'ils se sourient de surprise, Pili et Uuka avaient disparu !
Pieds nus, main dans la main, comme deux oiseaux, ils étaient déjà partis…

Une Lune au chocolat

Il fait encore nuit et la Lune a froid dans le ciel d'hiver. Elle aimerait bien se coucher, malheureusement, le jour n'est pas encore levé. Soudain, elle sent monter vers elle une délicieuse odeur de chocolat chaud. Elle se laisse guider par cette saveur sucrée qui lui titille les narines… et elle se retrouve juste au-dessus de la maison de Petit Pierre.

La maman du petit garçon vient
de poser un grand bol de chocolat
fumant sur la table de la cuisine.
Elle veut qu'il avale quelque chose
de bien chaud avant d'aller à l'école,
mais Petit Pierre a vraiment sommeil…
alors il traîne dans son lit.
Le bol attendra.

La Lune en profite, la coquine,
la gourmande… Elle se glisse
sous la porte de la maison et plonge
dans le bol. La voilà qui flotte
sur le liquide crémeux. « Hum, je suis
bien mieux ici que dans le ciel gelé ! »
se dit-elle.
La Lune se régale. Elle se prélasse.
Elle s'enrobe de chocolat.

Petit Pierre, encore tout endormi, finit
par descendre à la cuisine. Il attrape
le bol et avale d'un seul coup la Lune
et le chocolat ! Toute la journée,
il se sent le ventre bien rempli.
Et la Lune, elle, se sent bien à l'abri.
Elle dort sans broncher…

Mais quand la nuit se lève, la Lune se réveille. Elle doit sortir de là ! Elle gigote dans le ventre de Petit Pierre et ça le chatouille… Il rit, il rit ! La Lune en profite pour se faufiler jusqu'à sa bouche, sauter sur sa langue et hop, elle s'échappe d'un bond jusqu'à la nuit, si vite que Petit Pierre n'a rien senti.
Quant aux étoiles, elles sont bien intriguées en la voyant arriver : où la Lune a-t-elle été chercher ses grandes moustaches chocolatées ?

Atol et la mouette

Atol est pêcheur. Il a pour seule fortune une maison faite de branches, une pioche pour cultiver la terre, une barque creusée dans un tronc et un filet pour attraper du poisson.
Mais son bien le plus précieux, c'est sa femme, Gemma. Ses yeux verts brillent comme des étoiles, et Atol peut passer des heures entières plongé dans son regard.
Tous deux coulent une vie paisible entre soleil, palmiers, sable et océan.
Rien ne vient perturber leur existence jusqu'à ce que le diable s'en mêle.

Contrarié par tant de bonheur, le diable décide de piéger les deux amoureux. Il prend la forme d'une mouette et vole vers Atol, qui finit sa journée de pêche.

– Bonjour à toi, grand pêcheur ! Aujourd'hui est ton jour de chance, lance la mouette. Tu as des vœux ? J'exauce quatre vœux. Dis-moi ce que tu veux !

– Je ne veux rien, répond le pêcheur. J'ai dix poissons dans ma barque et, à la maison, Gemma sera là pour m'accueillir. J'ai donc tout ce qu'il me faut.

– Dix poissons dans ta barque, ce n'est pas beaucoup ! insiste le diable. Si elle était pleine, demain, tu pourrais rester auprès de ta femme.

Atol réfléchit un instant et finit par accepter. Aussitôt, la barque se charge de poissons de toutes sortes. Le lendemain et les jours suivants, Atol n'a même plus à prendre la mer car sa barque est toujours pleine.

Un peu plus tard, la mouette rend une nouvelle visite à Atol alors qu'il cultive son champ.

– Que puis-je faire pour toi, aujourd'hui ? Tu as des vœux ? Il te reste trois vœux ! Dis-moi ce que tu veux !

– Je ne veux plus rien, merci, répond le pêcheur. La terre est riche et généreuse. Elle nous nourrit en toute saison, Gemma et moi.
– Oui, bien sûr, reprend le diable. Mais, dis-moi, tout ce travail de labour… Ce n'est pas trop pénible ? Sans ce champ à cultiver, tu serais auprès de ta bien-aimée.
Atol réfléchit une nouvelle fois et finit par se laisser convaincre. Désormais, les récoltes se font sans effort, et les fruits et les légumes arrivent directement dans sa maison.

Une nuit, tandis qu'Atol admire les étoiles, la mouette vient à nouveau jusqu'à lui.
– Tu as des vœux ? Il te reste deux vœux ! Dis-moi ce que tu veux !
– Cette fois-ci, c'est sûr, nous avons tout ce qu'il nous faut, Gemma et moi.
– Je vois, poursuit la mouette. Magnifiques, ces étoiles, n'est-ce pas ?
– Pas autant que Gemma, répond le pêcheur. Ses yeux brillent plus que tous les astres.
– Ta femme est très belle, c'est vrai, mais si tu veux, je peux la rendre encore plus belle. Je peux faire d'elle la plus merveilleuse des étoiles, propose la mouette.

Une fois de plus, Atol donne son accord. Aussitôt, une nouvelle étoile apparaît dans le ciel, plus brillante que toutes les autres réunies. La mouette rit aux éclats et s'envole dans la nuit. Le pêcheur comprend qu'il vient de se faire piéger et se précipite vers sa maison… Trop tard, Gemma a disparu.
Quel malheur ! Atol passe la nuit à se demander comment récupérer sa femme, mais en vain.
Là-haut dans le ciel, Gemma brille tristement parmi les étoiles en versant une pluie de larmes qui tombent en milliers de gouttelettes dans l'océan. Le bonheur des deux amoureux semble brisé à jamais.

Le lendemain, Atol retrouve la mouette et la supplie de lui rendre Gemma.
– Impossible ! ricane la mouette. Un vœu est un vœu et rien ne peut le défaire. Mais il te reste un dernier vœu, dis-moi ce que tu veux !
Atol ne répond même pas. Il file à la maison, ressort avec son filet de pêche, pousse sa barque vers le large et attend la nuit.
Bientôt, le reflet de Gemma sera là, sur les vagues, et si la mer reste calme, il pourra l'attraper avec son filet. Inlassablement, Atol jette son filet à la mer et le remonte.

La mer s'agite, les nuages cachent le reflet, le temps passe… mais, au petit matin, il parvient enfin à pêcher le reflet de Gemma ! Quel bonheur d'être à nouveau auprès de sa bien-aimée ! Les deux jeunes gens, épuisés, s'endorment enlacés dans la barque.

De retour sur son île, le pêcheur va voir la mouette et lui dit :
– Il me reste un vœu. Tu vas exaucer mon dernier vœu. Voilà ce que je veux : ne reviens plus jamais sur cette île !
– Bravo Atol ! Tu as gagné, admet le diable. Je m'en vais. Mais avant de partir, je dois te laisser un présent, c'est la règle du jeu. Adieu, et sache que je ne serai jamais bien loin.
Le diable disparaît dans un souffle de fumée, et dans l'eau bleue de la mer surgissent des milliers de petites étoiles à cinq bras. C'est là le cadeau du diable : toutes les larmes versées par Gemma pendant la nuit transformées en autant d'étoiles de mer.

On ne sait pas combien de temps vécurent Atol et Gemma. Ce que l'on sait, c'est qu'ils vécurent heureux. Et si, aujourd'hui, des étoiles vivent dans les mers et les océans, c'est parce que ces deux-là s'aimaient passionnément.

Une nuit si longue !

Eerikki a peur du noir ! C'est plus fort que lui ! Seulement voilà, Eerikki vit en Laponie, et l'hiver, en Laponie, il fait nuit… même le jour ! Pendant six mois, en effet, le soleil ne se lève plus. Il fait noir tout le temps. Puis, en été, la nuit disparaît tout à fait et il fait jour… même la nuit !

Lorsque la nuit tombe sur le pays d'Eerikki, il n'est pas tranquille. Ça y est ! Il fait noir, tout noir ! Aussitôt, Eerikki allume toutes les lumières de sa maison. Il se glisse dans son lit et essaye de s'endormir. Raté ! Le petit garçon imagine le noir au-dehors et il en frissonne de peur. Eerikki décide alors de s'occuper. Il prend un livre, puis un autre, un autre encore, et jamais il ne parvient à dormir. La nuit lui fait bien trop peur. Si jamais il lui arrivait malheur ?
Pour passer le temps, Eerikki joue de la musique, fait la cuisine ou passe l'aspirateur. Il bricole, dessine, chantonne, et range même sa chambre. Comme ça, il est heureux. La nuit a beau être là, il n'y pense pas, il n'a plus peur.
Oui mais… à ce rythme-là, Eerikki s'épuise. Après un mois d'activité, il se sent un peu fatigué. Au troisième mois, il se frotte les yeux. Le cinquième mois, il ne cesse de bâiller.

Et lorsque arrive la fin du sixième mois,
Eerikki n'en peut plus. Il se glisse
sous sa couette et s'endort tout à fait.
Dehors, le soleil se lève
enfin. Il va rester là pendant six mois.

Un mois passe, Eerikki dort à poings
fermés. Un autre mois passe, il rêve
en souriant. Le troisième mois, il ronfle
bruyamment. Le quatrième mois,
le petit garçon s'entortille
dans sa couette.
Le cinquième mois, il suce son pouce.
À la fin du sixième mois, il se sent tout
reposé. Eerikki sort enfin de son lit.
Il pose le pied par terre, court
à la fenêtre et ouvre ses volets.
Au-dehors, la nuit vient de retomber…
et Eerikki a peur du noir ! C'est plus
fort que lui !

Vive la mariée !

Marinella va se marier, samedi prochain, avec son amoureux, Florentin.
Marinella cst couturière, alors elle a confectionné elle-même sa robe de mariée avec un satin d'un blanc éclatant. Elle a cousu une traîne, des plis, des volants, des nœuds, des perles, de la dentelle et un voile léger comme un nuage de chantilly !

Cette nuit, la robe de Marinella est enfin finie. Qu'elle est belle ! Elle l'enfile délicatement et sort faire quelques pas dans le jardin. Aussitôt, la Lune la voit : elle n'en revient pas !
– Comment ? s'écrie-t-elle, secouée de jalousie. Il y a sur terre, blanche et légère, une lune plus belle que moi ? Il me faut cette robe ! décrète-t-elle.

La Lune espionne Marinella, attendant qu'elle s'endorme, puis elle glisse un de ses rayons par la fenêtre ouverte et s'en sert comme d'un crochet pour remonter la robe jusqu'au milieu du ciel. Elle doit beaucoup se tortiller pour pouvoir l'enfiler !

À son réveil, Marinella pousse un cri :
– Ma robe a disparu !
Un oiseau s'approche d'elle.
– On dit, dans le ciel, que c'est la Lune qui te l'a volée !
– La Lune ? Mais pourquoi ?
– Pour être aussi belle que toi… Mais je crois qu'il y a un moyen de tout arranger : couds-lui une robe à sa taille ! Il paraît qu'elle étouffe dans la tienne et que les étoiles se moquent d'elle…

Marinella se met aussitôt au travail et, quand la nuit tombe, elle sort dans le jardin, la nouvelle robe à la main.

La Lune est là, en train de se dandiner dans la robe de Marinella.
– Lune ! appelle la jeune fille. La robe que vous portez m'appartient. Pourquoi ne pas m'avoir dit que vous vouliez une robe de mariée ? Faire des robes, c'est mon métier ! Regardez, j'en ai cousu une exprès pour vous. Rendez-moi ma robe et je vous offrirai celle-ci.
– Je suis coincée, avoue la Lune, honteuse, et les étoiles refusent de m'aider à l'enlever. Voulez-vous bien monter ?

La Lune déroule un de ses rayons jusqu'aux pieds de Marinella, puis la hisse jusqu'à elle.
– Quel voyage magnifique, sourit Marinella, émue.
La jeune fille déshabille doucement la Lune et lui enfile la robe qu'elle a cousue pour elle :
– Ne bougez pas, madame la Lune, j'aurai bientôt fini : plus qu'une épingle ici, une petite pince là ! Voilà, vous êtes superbe, et au moins, vous pouvez respirer !
– Pour te remercier, s'écrie la Lune, je veux te faire un cadeau. Le rayon grâce auquel tu redescendras sur terre, garde-le, c'est moi qui te l'offre !
Ce sera mon cadeau de mariage.
Tu pourras le tresser dans tes cheveux et il te portera bonheur.

– Oh, merci, madame la Lune !
Avec ou sans robe de mariée,
vous êtes si belle dans le ciel ! Ne soyez
plus jalouse des filles de la terre,
qui ont tant besoin de vous…
– Je te promets d'essayer, sourit
la Lune.

« Vive la mariée ! », voilà ce que
tout le monde a crié, ce samedi-là.
Marinella et Florentin avaient dans
les yeux des étoiles de joie. Et grâce
au rayon de Lune porte-bonheur,
ils restèrent amoureux toute leur vie !

Véronique Cauchy - Julie Rouvière

La tête dans les étoiles

Depuis toujours,
j'avais la tête ailleurs.
– Tu rêves ! me taquinait maman.
– Encore la tête dans les nuages ! plaisantait papa.
Plongé dans mes livres d'aventures, je me voyais explorer des pays lointains, carte à la main, à la recherche de trésors mystérieux.

Un beau jour, mes parents m'ont annoncé que, pour les vacances d'été, nous allions partir dans le désert du Néguev.
L'aventure a commencé au moment de faire les bagages. Nous sommes allés dans un magasin spécialisé, où ma sœur a piqué une crise :
– C'est trop moche ! hurlait-elle.
Les chaussures de randonnée spécial désert ne lui plaisaient absolument pas, pas plus que les doubles chaussettes pour éviter les ampoules ou que le chapeau aéré antitranspiration.
Moi, avec ma panoplie d'aventurier, j'étais aux anges. Je la regardais tous les soirs avant de me coucher, et c'était comme si j'étais déjà un peu là-bas.
Il a aussi fallu se rendre à la mairie pour faire la demande des passeports.
Ensuite, papa et maman nous ont parlé du Néguev. Ils nous ont expliqué qu'en juillet, il ferait si chaud que l'on devrait bien se couvrir pour ne pas attraper de coups de soleil !
– Eh oui, rigolait maman, chemises à manches longues pour tout le monde et provision de crème solaire !
Nous étions partis pour souffrir…

Enfin, le grand jour est arrivé.
Taxi, aéroport, avion, et cinq heures plus tard, nous avons atterri en Israël, à l'aéroport de Tel-Aviv.
Ce qui m'a d'abord frappé, c'est la luminosité. Nous sommes montés directement dans un bus climatisé, direction le sud. J'étais franchement fatigué, et je me suis endormi.

À mon réveil, plus la moindre habitation alentour, plus une trace de verdure : nous étions dans le désert. Quelle surprise ! Ce n'était pas un désert de sable, mais un désert de pierres.
Nous avons pris nos sacs à dos et commencé notre marche vers un campement situé à quelques kilomètres.
Maman avait raison : il fallait bien se couvrir, car le soleil tapait fort, et nous aurions grillé comme des steaks, avec notre peau blanche.
Bizarrement, la chaleur, qui avoisinait les 45 degrés, était supportable, même avec tout ce que nous transportions.
– C'est grâce au vent et à la sécheresse de l'air, a expliqué papa.

Toutes les demi-heures, nous faisions une pause pour boire. Je n'ai jamais bu autant, même après le sport. Ce qui est étrange, c'est que je n'ai pas eu envie de faire pipi.
– Vive la transpiration ! déclara maman en me faisant un clin d'œil.

Soudain, papa nous fit signe de nous taire et nous montra les rochers au-dessus de nos têtes.
– Regardez le bel ibex !
Une sorte de bouquetin à très longues cornes nous regardait, lui aussi.

Finalement, après plusieurs heures de marche dans le désert du Néguev, nous avons découvert le campement. Nous nous sommes installés sous le regard des dromadaires. Avec les Bédouins, nous avons mangé du houmous, une purée de pois chiches, dans des galettes appelées « pitas », et zou, au lit !
Je me faufilai dans mon sac de couchage. Le ciel était rempli d'étoiles. Je n'en avais jamais vu autant. Installé à côté de moi, mon père me dit en souriant :
– Toujours la tête dans les nuages ?
Du tac au tac, je lui répondis :
– Plutôt dans les étoiles !

Lito - 41, rue de Verdun 94500 Champigny-sur-Marne
Imprimé en UE - Loi n° 49-956 du 16 juillet 1949
sur les publications destinées à la jeunesse
Dépôt légal : juin 2011